AF330643

ULYSSE PARENT

UNE ARRESTATION

EN MAI 1871

(Extrait du journal *le Peuple*.)

Prix : 50 Centimes

PARIS

LIBRAIRIE RÉPUBLICAINE

16, rue du Croissant, 16

1876

UNE ARRESTATION

Paris. — Typ. F. Debons et Cⁱᵉ.

ULYSSE PARENT

UNE ARRESTATION

En Mai 1871

Extrait du Journal *le Peuple*

Prix : 50 Centimes

PARIS

LIBRAIRIE RÉPUBLICAINE

16, rue du Croissant, 16

1876

AU LECTEUR

Le récit qui va suivre, bien qu'il ait paru récemment dans le journal **Le Peuple**, *n'était pas destiné, tout d'abord, à la publicité; écrit au lendemain même de la lutte épouvantable qui, en mai 1871, ensanglanta Paris, il devait rester dans le cercle étroit de l'intimité pour lequel il était réservé.*

Le public m'excusera d'être venu l'occuper d'événements qui me sont tout personnels, car, du même coup, j'ai cru servir une bonne cause : celle de l'Amnistie.

U. P

6 mai 1876.

UNE

ARRESTATION

EN MAI 1871

~~~~~~

I

Prison de Versailles, en cellule, 29 mai.

C'est avant-hier, dans la journée de samedi, que j'ai été arrêté. Vers deux heures de l'après-midi, je m'étais mis à ma fenêtre; la rue que j'habite était alors déserte, mais celle du Faubourg-Montmartre, dans laquelle mon regard pouvait plonger, regorgeait de soldats qui, couchés derrière leurs faisceaux ou accroupis sur la bor-
~~~~~~

dure du trottoir, dormaient rompus de fatigue. Par moments, des escouades armées traversaient rapidement la chaussée, entraînant avec elles des gens qui se débattaient. De rares promeneurs, bien mis et gantés, saluaient, en passant, les officiers groupés devant le front des troupes. La fusillade n'arrivait plus qu'indistincte à mon oreille, et le tir des Buttes-Chaumont faiblissait. Au milieu du morne silence qui enveloppait le quartier, le bruit confus du roulement d'une voiture sur le pavé se fit entendre dans le lointain, peu à peu il se rapprocha; tout à coup un fiacre tournant l'angle de la rue déboucha du faubourg et vint s'arrêter court devant ma porte.

Cinq hommes vêtus en gardes nationaux en descendirent; ils portaient le brassard tricolore, insigne de l'ordre; leurs ceinturons étaient bardés de revolvers; ils semblèrent se consulter un instant, puis je les vis disparaître sous la porte cochère, laissant l'un des leurs en faction dans la rue; je fermai ma fenêtre et j'attendis.

*
* *

Bien que je fusse convaincu que ces gens étaient à ma recherche, et tout en ne craignant rien alors des suites de mon arrestation, le coup de sonnette brutal et impérieux qui retentit soudainement à mon oreille me fit tressaillir et me glaça le cœur. Il allait falloir me séparer de ma femme et de mes enfants : pour combien de temps, et en quel moment ! La guerre civile grondait encore, un retour offensif et désespéré des combattants de la Commune n'était pas impossible ; l'incendie pouvait de nouveau envahir nos rues ; tout était à craindre d'adversaires mutuellement aveuglés par une lutte fratricide : et c'était à cet instant où la loi était morte, le foyer violé, la délation honorée, que la protection que je devais à tous les miens allait leur faire défaut !

*
* *

Je me raffermis vite cependant, et je puis dire que j'étais alors moins troublé et moins craintif que ces quatre hommes qui venaient de faire irruption chez moi le pistolet au poing, comme s'ils se fussent attendus à une résistance désespérée de ma part. Il me fallut les rassurer. En quelques minutes je fus habillé, j'embrassai une dernière fois ma femme et mes enfants, qui sanglotaient, pressés autour de moi, et, après avoir déclaré que j'étais prêt, nous descendîmes.

*
* * .

Le fiacre dans lequel nous dûmes nous entasser tant bien que mal, prit les boulevards, remontant vers la Madeleine ; je regardais curieusement par la portière. Le sol, jonché de branches vertes, fauchées par les obus, était, par place, rouge de sang ; de longues éraflures sillonnaient la devanture des boutiques et témoignaient de l'acharnement du combat. Au coin des rues, de lourds canons, semblables à des dogues aux aguets, montraient leurs gueules de bronze, muettes alors.

— Où me conduisez-vous ? demandai-je à celui des agents qui portait sur sa manche les galons de capitaine et paraissait être le chef.

— Au ministère des affaires étrangères, me répondit-il.

Pendant mon court passage à la Commune, j'avais été nommé membre de la commission des relations extérieures ; était-ce à ce propos que l'on me demandait au ministère ? Mais ne devait-on pas savoir que je n'avais jamais exercé les fonctions attachées à ce titre ? Étaient-ce de simples renseignements que l'on prétendait obtenir de moi ? Que signifiaient alors toutes ces précautions prises contre ma personne ?

Brusquement je fus arraché à ces réflexions ; nous venions de dépasser la Madeleine pour entrer dans la rue Royale. Devant le spectacle qui s'offrit à mes yeux je restai stupéfait : à droite, à gauche, les maisons effondrées, calcinées, noircies par le feu, répandaient leurs ruines jusqu'au milieu de la chaussée. Nous n'avancions plus qu'avec efforts et avec maints cahots ; des poutres encore brûlantes envoyaient vers le ciel des spirales de fumée ; des pompiers couraient au milieu des débris ; des groupes d'où partaient des cris nous regardaient passer.

Une immense douleur remplit mon être tout entier. Je vis subitement se dresser devant moi toute une ère de répressions terribles et de sanglantes représailles. Je ne pus réprimer un geste violent ni retenir ce cri :

— Tout cela est horrible !

L'homme aux galons fit un brusque mouvement de mon côté, et, m'interpellant d'un ton goguenard :

— Tiens, voilà que vous bêchez vos amis ; après le coup, c'est toujours comme ça ; mais je vous préviens qu'on ne met pas dedans des lascars comme nous, et que vous y perdrez votre temps.

J'allais répondre, aussi surpris de son langage énigmatique que choqué de la grossièreté de son propos :

— Allons ! pas de discours, fit-il impérieusement, et taisons-nous ; vous savez bien que votre affaire est dans le sac.

Je me tus, en effet ; je compris qu'entre ces hommes et moi, il n'y avait pas d'explications à échanger, mais en même temps je commençai à entrevoir que j'étais le jouet de quelque terrible quiproquo, et que j'en serais peut-être bientôt la victime.

****

Nous avions cependant traversé la place de la

Concorde, et la voiture s'engageait alors sur le pont. A cet instant, le capitaine, appelant par un signe l'attention de ses acolytes, étendit le bras dans la direction du quai d'Orsay que nous allions atteindre; tous, successivement, à grand'peine se penchèrent dehors; puis l'un d'eux, lorsqu'ils eurent repris place, se mit à dire avec un large rire :

— Ceux-là sont nettoyés !

Moi-même j'avais regardé, et voici ce que j'avais vu : à notre droite, sur la berge du quai, le long du parapet, des formes humaines étaient étendues; penchés sur elles, des soldats les soulevaient, tandis que d'autres, montés sur des fourgons tout attelés, les attiraient jusqu'à eux. Une voiture, déjà pleine sans doute, remontait péniblement la rampe. Toute cette lugubre scène était dominée par la silhouette du ministère des affaires étrangères, développant sa façade au-dessus du parapet : c'était là que l'on me conduisait, c'était là que j'étais attendu.

Malgré moi je tressaillis et en me tournant vers le chef d'escorte :

— Est-ce que vous allez m'assassiner ? lui dis-je d'une voix que je m'efforçai de rendre ferme.

— Nous, me fit-il avec un dur accent, nous n'assassinons personne.

Nous étions arrivés; la voiture s'arrêta et nous mîmes pied à terre.

II

Le ministère des affaires étrangères doit être le siége provisoire du gouvernement; de nombreuses estafettes se croisent dans la cour d'honneur et partent au galop. Les marches et le péristyle du grand escalier sont encombrés de gens qui vont et viennent, affairés, importants, imposants, et tout à la fois joyeux; ils se serrent la main au passage et semblent se congratuler mutuellement. Il y a là des préfets, des maires, des députés retour de Versailles. Je les connais de vue et de nom pour la plupart, quelques-uns ont été mes amis; je pourrais les appeler, leur dire ma détresse, me recommander d'eux; je ne sais quelle pudeur me retient, et je passe.

*
* *

Amené devant un commissaire de police, je suis interrogé sur mon état civil; je réponds et demande le motif de mon arrestation; on me rit au nez, et sur un signe je suis entraîné dans une cour intérieure par mes sbires qui ne m'ont pas quitté, et parqué sous une remise avec une quinzaîne de malheureux, hommes et femmes, qui paraissaient être au comble de l'anxiété et de la terreur.

Les larges portes de la remise étaient restées ouvertes : des fusiliers-marins nous gardaient. En arrière de ceux-ci un groupe s'était formé, groupe composé d'agents de police de bas-étage, de soldats et de domestiques de l'hôtel ; tous, curieusement, nous regardaient en ricanant et à qui mieux mieux déversaient sur nous les injures les plus viles.

A des intervalles inégaux, non loin de nous, des feux de peloton se faisaient entendre ; à chaque décharge nos insulteurs applaudissaient par des hourrahs, et leurs atroces commentaires ne pouvaient nous laisser de doute sur le sort qui semblait nous attendre.

Cette scène, en vérité, était écœurante.

*\
* *

Vers quatre heures il s'est fait un mouvement dans la troupe qui encombre la cour ; un piquet s'est formé devant nous ; un sous-officier a donné l'ordre de charger les armes sous nos yeux, pendant qu'un employé de police procède à l'appel des noms. Mon tour arrive ; successivement nous allons nous placer entre les files ouvertes de l'escorte qui doit nous emmener.

C'est à l'Ecole Militaire qu'on nous conduit ;

nous traversons l'Esplanade des Invalides ; de
tous les coins de la place on accourt à notre rencontre. Ici, encore, ce sont de nouvelles huées
de nouvelles imprécations ; elles nous font cortége, grossières et surtout obscènes, car elles
semblent s'adresser plus particulièrement aux
femmes qui sont dans nos rangs.

A l'entrée de l'avenue de Lamothe-Piquet, sur
l'injonction impérative et menaçante de nos gardiens, la meute d'insulteurs qui nous avait suivis
jusque-là, fut enfin dispersée. Une pluie fine
commençait à tomber , nous marchions deux par
deux et en silence. Le hasard m'avait placé à
côté d'une femme jeune, pauvrement vêtue, et
dont l'air accablé faisait pitié à voir ; à un moment elle me toucha le coude de la main pour
appeler mon attention, et, levant sur moi un regard plein d'angoisse et de terreur :

— Croyez-vous, me dit-elle, qu'ils vont nous
fusiller ?

Je cherchai de mon mieux à la rassurer ; je lui
expliquai que l'on ne pouvait condamner personne sans jugement, et qu'en tous cas on ne
fusillait jamais les femmes ; que si l'on nous conduisait à l'Ecole Militaire, c'était uniquement
pour y trouver un abri plus commode que celui
que nous venions de quitter. Puis, moins par cu-
riosité que pour essayer de la distraire de ses si-
nistres pressentiments, je lui demandai la cause
de son arrestation.

Elle me raconta qu'elle était blanchisseuse de son métier, qu'elle travaillait en journée rue de la Sourdière; que dans la matinée, croyant tout fini, elle avait été chez sa patronne; que celle-ci lui avait remis du linge à reporter à des pratiques qui demeuraient de l'autre côté de l'eau; qu'elle avait rempli la plupart de ses commissions sans accident, lorsque passant rue de Lille elle avait entendu un grand bruit derrière elle, et qu'en se retournant elle avait vu du monde qui s'enfuyait de son côté; qu'elle avait pris peur pensant que ça allait recommencer, et qu'elle avait fui comme tout le monde; qu'au bruit d'un coup de feu, elle s'était réfugiée dans l'allée d'une maison en refermant la porte sur elle; que des soldats l'ayant vue, avaient fait ouvrir la porte de force et qu'ils l'avaient découverte cachée dans un escalier; que son panier avait été perdu dans sa fuite et qu'il n'avait pu être retrouvé; qu'enfin on lui avait dit que ses mains sentaient le pétrole et qu'elle avait été traitée d'incendiaire.

— J'ai eu beau dire à ces messieurs, soupira-t-elle en terminant, que ce n'était pas le pétrole que je sentais, mais l'eau de Javel, à cause de mon état, ils ne m'ont pas crue et l'on m'a arrêtée.

Le récit de cette malheureuse femme était sincère à n'en point douter; on n'improvise pas ainsi le mensonge, ni avec de tels accents; ma

compassion pour elle s'en accrut. Je lui fis comprendre qu'elle devrait, quand elle serait inter-
rogée, se faire réclamer par la blanchisseuse sa
maîtresse, par quelqu'un de sa famille, et, si elle
était mariée, par son mari.

A ce dernier mot, elle baissa la tête, et je l'entendis murmurer :

— Je n'ai personne, monsieur ! personne que
ma petite fille ; mais elle est trop petite, et si je
ne rentre pas ce soir, et si...

Un sanglot lui monta à la gorge, elle fit encore
deux ou trois pas, leva désespérément les bras
vers le ciel, et à plusieurs reprises, d'une voix
déchirante, on l'entendit s'écrier :

— Ma fille ! ma fille ! ma fille !!

Elle allait tomber ; je la retins dans mes bras.
Ce douloureux incident avait jeté le désordre
dans nos rangs. La colonne dut faire halte. Le
sous-officier qui marchait en tête comme chef de
l'escorte, après s'être enquis de la cause de tout
ce trouble, essaya, sans trop de brutalité, de ré-
conforter la pauvre femme, lui donnant l'assurance qu'elle n'avait rien à craindre. Elle se raf-
fermit quelque peu, et s'appuyant sur moi nous
pûmes nous remettre en route. C'est ainsi que
notre triste cortége atteignit l'Ecole Militaire.

III

Je croyais être arrivé à ma dernière étape, et en même temps, je l'avoue, à ma dernière heure : l'attitude des soldats à notre arrivée, les regards étranges qu'ils jetaient sur nous, leurs propos échangés à voix basse, tout me le faisait craindre. Je me trompais cependant. Après un quart d'heure d'attente, à l'appel de mon nom, e dus sortir des rangs pour être remis aux mains d'une nouvelle escorte.

— Ça, c'est du gibier pour le Luxembourg, avait dit un officier d'état-major, en me montrant du doigt.

L'image me parut claire, et mon sort me sembla dès cet instant fixé ; c'est sous le poids de cette idée qu'il me fallut remonter successivement l'avenue de Saxe, le boulevard de Montparnasse et la rue de Vaugirard, pour atteindre l'ancien palais du Sénat.

Arrivé là, je fus introduit dans une salle basse, devant un greffier militaire auquel je dus faire le nouveau la déclaration de mon état civil. Cette formalité remplie, trois agents s'emparèrent de moi et me conduisirent à travers la grande cour du palais, transformée en bivouac, jusque sous un vestibule où venait aboutir un escalier de cave.

Nous le descendîmes à tâtons : dès les premières marches, un bruit sourd, continu, semblable à celui des houles de la mer après la tempête, vint frapper mon oreille, en même temps qu'une odeur âcre et pénétrante me saisissait à la gorge. Nous n'avancions que lentement, marchant dans l'ombre sur un sol défoncé et singulièrement humide ; sous mes pas, par place, j'entendais de petits clapotements ; je m'imaginai que je marchais dans le sang.

Après plusieurs détours nous atteignîmes enfin une porte fortement verrouillée ; une lueur vague nous éclairait alors ; deux hommes, dont je distinguais confusément l'uniforme militaire, assis sur des débris de futailles, le revolver à la main, faisaient faction.

Derrière cette porte on entendait comme un grouillement d'êtres humains ; au bruit de notre arrivée, les cris plaintifs ou formidables parurent redoubler : concert affreux de gémissements et d'imprécations.

— Qu'ont-ils donc à brailler de la sorte ? fit l'un de mes guides en s'adressant aux gardiens de la porte.

— Des bêtises ! ils disent qu'ils ont faim et demandent qu'on leur apporte à boire.

Le mot eut du succès et chacun se mit à rire.

Les verrous, cependant, avaient été tirés et les cadenas ouverts. L'un des agents me prit au collet et me poussant brutalement dans l'entre-bâillement de la porte :

— Au tas ! cria-t-il.

.•.

Sous cette brusque poussée, j'aurais pu tomber en avant ; une muraille humaine qui se dressait devant moi me retint. Subitement une buée tiède et grasse s'abattit sur moi et envahit mon corps tout entier ; la respiration me manqua, je fermai les yeux, et instinctivement je cherchai un appui ; je sentais que j'allai m'évanouir.

— Mettez-vous dans le rang, et avancez, citoyen, me dit une voix à l'oreille, vous serez mieux à l'autre bout.

Peu à peu je me remis et commençai à me faire à l'obscurité de cette cave. Etroite et basse, en forme de long boyau, elle contenait alors près de deux cents hommes de tout âge et de toute condition : uniformes de fédérés, habits bourgeois, haillons déchirés, imprégnés de poudre, se coudoyaient ensemble. Un va-et-vient régulier et convenu s'était établi dans cette masse affreusement resserrée, qui semblait obéir à une sorte de loi de gravitation.

L'air et la lumière n'ayant accès dans ce sombre cachot que par une étroite ouverture, il avait été décidé que chacun, à tour de rôle, emboîtant le pas à son voisin, viendrait y respirer un peu et s'y rafraîchir un instant : voilà pourquoi on m'avait dit de me mettre dans le rang et d'avancer. Quand je fus près du soupirail, j'observai que cette vapeur fétide dont nous étions enveloppés, se condensant au contact de l'air libre, retombait en eau sur la paroi du mur, coupé en biseau à cette place; des malheureux s'en approchaient et y collaient leurs lèvres avides.

La soif était pour tous, en effet, une horrible torture, je commençai bientôt moi-même à la ressentir : pour la calmer j'appliquai sur ma langue desséchée la cuvette de ma montre; triste soulagement au tourment que j'endurais, et bien inefficace, en vérité.

Pendant cette marche incessante qui nous entraînait tous, de terribles propos s'échangeaient. Chacun racontait les détails du drame sanglant qui venait de s'accomplir et dont il avait été le témoin : au récit de certains actes dont je voudrais pouvoir nier la véracité, l'indignation se traduisait par d'épouvantables blasphèmes. Puis, par moments, tout à coup, d'un commun accord, le silence se faisait, morne et glacial; on écoutait; le bruit sourd de la canonnade arrivait jusqu'à nous, mais intermittent et s'éteignant peu à peu ; on sentait que la répression avait fait son œuvre et que la résistance était à l'agonie.

Quelques-uns, alors, élevaient la voix : ils récriminaient contre la Commune et contre ses chefs ; c'était contraints qu'ils avaient dû marcher, pour être au dernier jour trahis et abandonnés.

Ceux-là, on les faisait taire.

A la nuit tombante, la porte s'est ouverte et j'ai été appelé. J'ai dû me frayer un passage difficile au milieu de mes compagnons ; des mains se sont tendues vers moi ; leurs fortes étreintes semblaient me crier : Courage !

IV

La cour prévôtale devant laquelle j'allais comparaître, tenait audience dans une salle assez vaste du rez-de-chaussée du palais; sous l'Empire, elle était aménagée pour le service du dépôt des pétitions au Sénat. Elle était pleine alors de soldats, de gardes nationaux, d'agents de police et de quelques bourgeois privilégiés, venus là, sans doute, dans l'espoir d'y trouver quelques émotions fortes, la semaine qui venait de s'écouler ne les ayant pas suffisamment repus. Deux jeunes officiers, le cigare aux lèvres, assis à une méchante table de bois noir couverte de papiers, constituaient pour l'instant tout le personnel du tribunal.

Sur l'indication de mes gardiens, j'avais été m'asseoir dans un coin, et j'observais.

Plusieurs pauvres diables défilèrent successivement devant les juges. Les uns avaient été arrêtés sur des dénonciations de voisins; d'autres dans des razzias qui comprenaient des maisons tout entières; quelques-uns comme porteurs de l'uniforme de fédéré. Tous indistinctement, après un interrogatoire sommaire et une défense plus courte encore, étaient impitoyablement renvoyés dans quelque cave semblable à celle qui m'avait servi de geôle provisoire.

Toutefois, et à ma grande surprise, deux ou trois accusés sur lesquels pesaient non les moins lourdes charges, — l'un avait été commissaire de police de la Commune, l'autre directeur d'un dépôt de munitions dans le quartier Reuilly, — après avoir écouté tranquillement le rapport fait contre eux, avaient tiré non moins tranquillement un papier de leur poche qu'ils avaient remis aux officiers, en leur glissant quelques mots à l'oreille, et s'étaient ensuite retirés libres après un salut échangé.

*
* *

La séance du tribunal semblait cependant devoir s'éterniser ; à une fournée d'inculpés en succédait une autre ; mon tour n'arrivait pas. Je ne savais si je devais me plaindre ou me réjouir de ce long retard et j'hésitais à faire constater ma présence.

J'étais rompu de fatigue ; les émotions de la journée m'avaient donné la fièvre ; une soif cruelle continuait à me tourmenter, et peut-être aussi la faim ; l'atmosphère lourde de cette salle bondée de monde, remplie de la fumée des pipes, contribuait aussi à m'accabler, et je craignais de n'avoir pas, au moment de paraître devant le tribunal, la liberté d'esprit qui allait m'être pourtant si nécessaire.

* *

Tout à coup, mon nom retentit, prononcé avec une sorte d'emphase par un vieux sous-officier faisant fonctions de greffier. Ce fut comme une explosion dans l'assemblée. Je m'étais avancé vers l'estrade, mais en même temps que moi un groupe tout entier de gens à basse physionomie, qui m'observait depuis mon arrivée, s'était levé, et, m'entourant, me montrait le poing.

— Ah! le voilà pincé! — C'est un bon, un fameux, celui-là! — Il nous a assez embêtés sous l'Empire! — C'est lui qui commandait à la Roquette! — Parbleu! on l'a vu! — C'est un pétroleur!

Et l'un de ces hommes, s'avançant jusqu'au pied du tribunal, avec une douce familiarité, ajouta :

— Vous pouvez y aller gaiement avec lui, il ne l'aura pas volé!

Je me retournai sur cette meute ignoble, tremblant de colère. J'aurais donné, je crois, en cet instant, ma vie sans discussion, pour pouvoir d'un revers de main souffleter toutes ces faces patibulaires, tous ces misérables coquins, sortis je ne sais d'où, et qui, à l'envi, lâchement, s'acharnaient après moi.

La voix de l'un de mes juges me rappela à la réalité de ma situation.

— Vous voyez, me dit-il, que vous êtes connu
et qu'on sait ce que vous valez; qu'avez-vous à
dire pour votre défense?

Abasourdi devant cette forme d'interrogatoire,
je demandai de quoi j'étais accusé.

— De presque rien : vous êtes membre de la
Commune et du Comité central, vous êtes franc-
maçon et colonel de fédérés; enfin vous avez
donné des ordres pour incendier Paris.

Une fois de plus, je restai confondu en voyant
toutes ces charges qui s'élevaient ainsi subitement contre moi. J'expliquai que si j'avais été
nommé membre de la Commune, j'avais, dès le
5 avril, donné ma démission; qu'on pourrait s'en
convaincre en consultant l'*Officiel* de Paris; que
jamais je n'avais fait partie du Comité central ni
de la garde nationale fédérée, à quelque titre que
ce fût; que je ne pouvais avoir donné l'ordre d'incendier Paris, puisque je n'étais pas sorti de chez
moi depuis le 22 mai, ainsi que l'attesteraient
certainement mes voisins; que j'étais, en effet,
franc-maçon, et que je ne niais pas être allé le
29 avril aux remparts pour y planter la bannière
de ma loge; mais cela dans un but d'apaisement
et de conciliation, but que je n'avais cessé de
poursuivre pendant le peu de temps que j'étais
resté membre de la Commune.

Tout cela fut dit par moi, — pourquoi ne me
l'avouerais-je pas? — bêtement, sans ordre ni
suite, et comme si moi-même je n'avais pas eu

foi en mes propres déclarations. Devant l'hostilité flagrante de l'auditoire et l'indifférence de mes juges, j'avais ressenti l'accablement d'un homme qui se noie et jugé que toute défense me serait inutile.

Vers la fin de mon interrogatoire, un troisième officier, supérieur en grade aux deux autres, était venu prendre place au bureau comme président de cette cour prévôtale. En peu de mots il fut mis au courant de mon affaire. Enfin, tous trois se levèrent, formant groupe, et à voix basse se mirent à délibérer.

Mon sort, en cette minute, allait être fixé.

V

Subitement, une clameur formidable s'élevant au dehors vint attirer l'attention de tous : la porte s'ouvrit avec fracas ; un flot d'hommes fit irruption dans la salle. Ils en traînaient un autre au milieu d'eux, qu'ils jetèrent, avec des cris de triomphe, au pied du tribunal.

Quand l'homme se releva, pâle, meurtri, chancelant, je reconnus le docteur Tony Moilin.

Dès cet instant je fus oublié, et un nouvel interrogatoire commença.

Des dépositions des témoins et des déclarations mêmes de Tony Moilin, je pus apprendre qu'il était recherché depuis le commencement de la semaine ; qu'il avait trouvé tout d'abord asile chez un ami, lequel, bientôt inquiet de la responsabilité à encourir pour ce fait, l'avait prié d'aller chercher un refuge ailleurs : Tony Moilin, découragé, était retourné nuitamment à son domicile, rue de Seine.

Faut-il que j'ajoute que la délation qui venait de l'en arracher avait été provoquée par l'un de ses voisins, un docteur en médecine, son confrère!

Ces premiers points établis, le président a continué ses questions :

— Vous connaissez le sort qui attend ceux qui ont pris les armes contre l'armée régulière, surtout quand, comme vous, ils ont eu un commandement supérieur?

— Je n'ai jamais eu de commandement, a répondu l'accusé, du ton lent et calme qui lui était habituel, j'étais simplement chirurgien du bataillon de mon quartier, et j'ai trop souvent trouvé l'emploi de ma lancette et de mes bistouris, a-t-il ajouté avec un triste sourire, pour avoir pu songer à me servir de mon épée ou d'un fusil.

— C'est cela! vous donniez vos soins aux hommes de la Commune, et vous faisiez fusiller nos soldats!

— J'ai donné mes soins à tous, a répliqué encore Tony Moilin, et je n'ai fait fusiller personne.

— Dès le 18 mars, vous envahissiez la mairie du 6ᵉ arrondissement, et vous deveniez l'un des adeptes les plus fervents de la Commune.

— J'ai été désigné, après la retraite du gouvernement, pour les fonctions d'administrateur du 6ᵉ arrondissement, fonctions que je n'ai remplies que pendant quelques jours; quant à mes idées sur la Commune, elles ne sont pas celles que vous pensez.

Ici, Tony Moilin cessa de parler. Une rêverie soudaine semblait avoir envahi son esprit tout entier; son regard était devenu vague; il paraissait avoir oublié aussi bien le lieu où il se trouvait que l'accusation qui pesait sur lui, et ce fut certainement plus en se parlant à lui-même que s'adressant au tribunal, que je l'entendis murmurer à voix basse, en ponctuant chacune de ses phrases d'une sorte de hoquet nerveux :

— Oui, la Commune a commis des fautes... Elle s'est perdue en chemin... Ce n'est pas cela qu'il fallait faire... Ils n'ont pas su résoudre le problème...

Il prit sa tête entre ses deux mains, comme s'il eût voulu comprimer les pensées tumultueuses qui l'assiégeaient; puis, redressant tout son corps dans une fière attitude, le bras levé, le visage illuminé, d'une voix claire et grave, il s'écria hautement :

— Moi, je suis pour la République universelle et pour l'Egalité parmi les hommes !

Il y eut des rires dans la salle, immédiatement réprimés par le président.

*
 * *

Cette scène m'avait profondément ému. Je ne connaissais que fort peu Tony Moilin, mais je l'avais maintes fois rencontré depuis 1868 dans les réunions publiques. Je le savais épris des idées de réforme sociale, mais aussi animé d'un esprit paradoxal et quelque peu chimérique ; sentimental à l'excès, doux et bienveillant, on sentait en lui la foi d'un apôtre.

Le président avait repris la parole :

— Les principes que vous énoncez ne font que confirmer les renseignements que nous avons sur votre compte ; du reste, la notoriété attachée à votre nom suffirait à nous convaincre. Vous êtes l'un des chefs du socialisme et un homme des plus dangereux : ces gens-là, on s'en débarrasse. Avez-vous quelque chose à ajouter à votre défense ?

L'accusé leva les yeux, surpris, et fit un geste négatif.

Il y eut une courte délibération ; le président se leva, et d'une voix où perçait l'émotion :

— Monsieur, dit-il solennellement, vous êtes condamné à être passé par les armes ; il vous sera donné signification du jugement.

J'avais oublié, en cet instant, ma propre situation, et, plein de pitié et d'angoisse, le cœur oppressé au point de se rompre, je regardais de tous mes yeux cet homme qui allait mourir.

Son visage était contracté, et le tic nerveux que j'ai déjà signalé avait reparu ; ce fut cependant d'un accent contenu qu'il reprit la parole

— Messieurs, en mourant je laisserai une

compagne : ma femme. Me sera-t-il permis avant ma mort de régulariser ma position vis-à-vis d'elle et devant la loi?

Il fit une pose; puis, avec un léger tremblement dans la voix et un visible effort pour cacher son trouble, il ajouta :

— Messieurs, j'y tiendrais beaucoup.

— Si cela est possible, dit le président, soyez certain que cela sera fait : maintenant, retirez-vous.

VI

A la suite du jugement qui venait d'être rendu après les dramatiques incidents qui l'avaient accompagné, une vive agitation s'était produite dans l'assemblée. Au bout de quelques minutes seulement, le silence se fit de nouveau. Les juges avaient repris place et semblaient ne pas songer à moi : ils feuilletaient leurs dossiers, quand le président m'aperçut.

— Que fait là cet homme? dit-il en interpellant les agents de service, son affaire est terminée.

— Où faut-il le conduire? demanda l'un d'eux qui paraissait avoir la police du tribunal.

— Mettez-le aux isolés.

Un espace libre, circonscrit par deux rangées de banquettes, qu'il était interdit de franchir avait été préparé dans un des angles de la salle. Tony Moilin s'y trouvait déjà; j'allai l'y rejoindre il me reconnut et me tendit la main.

— Vous aussi ! me dit-il.

Je fis un signe de doute et nous gardâmes tous deux le silence.

Qu'aurais-je pu répondre, en effet? Moi aussi étais-je condamné? Mais aucune preuve des vagues accusations formulées contre moi n'avait été produite. Avais-je été contredit dans ma défense et mes affirmations? Aucun arrêt n'avait été rendu contre moi, aucune sentence prononcée. Mon titre de membre de la Commune, le seul qu'on pût mettre à ma charge, allait-il suffire pour faire de moi une victime nouvelle de nos discordes civiles?

*
* *

Je me posais à moi-même, anxieusement, cette terrible interrogation, quand, franchissant les bancs qui nous servaient de barrière contre la foule, je vis venir à moi un officier que je n'avais pas aperçu jusqu'alors. Du ton d'une exquise politesse :

— Monsieur, me dit-il, on a omis de vous demander si vous étiez marié et père de famille; dans ce cas, si vous voulez voir votre femme et vos enfants, si vous avez quelques dispositions dernières à prendre, toute latitude vous sera accordée dans ce sens.

Et, sur un geste de moi :

— Ça ne sera que pour demain matin, ajouta-t-il d'un air peiné.

Pour le coup, j'étais fixé. Un nuage sombre passa devant mes yeux; mais ce fut l'affaire d'un moment. Faisant appel à tout ce qu'il y avait en moi de virilité et d'énergie, j'affermis mon cœur et me préparai dès lors à bien mourir.

Je répondis qu'en effet j'étais marié et père de famille, mais que, redoutant pour tous les miens cette rencontre suprême, je ne savais à quoi me résoudre et que je demandais à réfléchir.

— Je vous reverrai dans une heure et il sera fait comme vous l'aurez décidé, me dit l'officier en se retirant.

Nous nous saluâmes, et je rentrai dans mes réflexions.

*
* *

L'audience continuait, mais je ne prenais plus garde à ce qui se passait autour de moi. Le jeûne alourdissait ma tête et la soif augmentait ma fièvre. La lumière des lampes, à bout d'huile, ne jetait plus sur nous que des teintes vagues ; mes yeux appesantis se fermaient. M'appuyant des coudes sur des casiers vides qui garnissaient le mur, car je n'avais pas de chaise pour m'asseoir, malgré moi je m'assoupis.

Un brouhaha confus vint me réveiller. L'audience était levée ; il était près de minuit. Mes gardiens vinrent me prendre, et pendant qu'on entraînait Tony Moilin d'un côté, je dus suivre le chemin que j'avais déjà parcouru dans la soirée et traverser de nouveau la grande cour du Palais.

Des soldats, enveloppés dans leurs couvertures, dormaient pressés les uns contre les autres sur de la paille répandue. D'autres, encore debout, allaient et venaient. J'en vis un porteur d'un bidon plein ; je le suppliai, au passage, de me donner à boire, mais il ne me répondit que par un grossier refus.

Notre petit groupe, cependant, sur l'ordre du chef, s'était arrêté. Je le vis s'éloigner et se perdre dans l'ombre. Au bout de cinq minutes, peut-être, il nous rejoignit, tenant au collet un homme qui jetait de grands cris et qui se démenait avec vigueur.

— Voilà encore un lapin de gobé ; fourrez-moi tout cela dans le même trou !

L'homme parut se calmer, et, tout en poussant encore quelques gémissements, vint se placer à mes côtés ; nous nous remîmes en marche.

Si peu d'intérêt que j'eusse pris à cet incident, j'avais remarqué toutefois que mon nouveau compagnon était suivi d'un petit chien bouledogue qui ne lui quittait pas les talons ; l'un des gardes s'aperçut également du fait, et d'un coup de pied voulut renvoyer la bête qui se mit à hurler.

Le chef se retourna vivement et s'approcha du garde avec un mouvement de colère réprimé ; à voix très-basse et rapidement :

— Laissez donc faire, imbécile ! lui souffla-t-il dans l'oreille.

J'avais entendu, et j'avais compris à quel genre de personnage j'allais être accouplé.

.·.

On nous fit descendre l'escalier que je connaissais déjà; mais aux détours nouveaux qu'on nous fit prendre, je vis tout de suite qu'on nous réservait un autre cachot que celui que j'avais occupé dans la journée; nous l'atteignîmes enfin et je pus constater, à la lumière douteuse de la lanterne que portait l'un des hommes, qu'il était vide alors. Un instant après, j'étais bouclé; les pas lourds de l'escorte allaient s'éloignant dans les profondeurs des couloirs, et je restais dans la nuit entre un bouledogue et un... *mouton*.

La ridicule comédie que j'avais prévue ne se fit pas attendre, et l'homme au chien entra dans son rôle.

A quoi bon redire ici tous les stupides propos qu'il me fallut entendre, bien que je m'efforçasse de ne pas les écouter : Il avait été pris derrière une barricade et s'était, bien entendu, battu jusqu'à la dernière heure. Il venait d'être condamné à mort, mais ça serait en brave qu'il irait au-devant des balles au cri de : Vive la Commune !

Quand il eut terminé sa grotesque histoire, il voulut savoir la mienne, et, comme devant mon silence, il insistait, pour m'en débarrasser je lui jetai au nez le nom de son vilain métier.

Se voyant démasqué, il battit en retraite, un peu confus, et tout en maugréant. Je l'entendis qui s'installait dans un coin et se préparait à dormir, confiant dans la vigilance du chien qui, du reste, accompagnait chacun de mes mouvements d'un grognement significatif.

*
* *

Un bruit de clefs et une faible lueur qui vint filtrer à travers les planches mal jointes de la porte appelèrent bientôt mon attention, et, un instant après, je vis entrer l'officier qui venait chercher la réponse que, dans la soirée, je lui avais promise.

*
* *

Après de bien douloureuses hésitations, je m'étais résolu à ne revoir ni ma femme ni mes enfants. Je redoutais une scène déchirante, et j'en craignais pour eux les conséquences. Mais, d'autre part, comment apprendraient-ils ma mort ? Brusquement, brutalement, sans doute : et alors toutes ces précautions prises pour leur épargner un coup trop cruel n'allaient pas aboutir. Ne serait-il pas possible d'avertir un de mes amis, qui se rendrait près de moi, pour se faire ensuite le messager prudent de la triste nouvelle ?

L'officier approuva mon idée, et, tirant de sa poche un calepin, y inscrivit avec soin un nom et une adresse que je lui désignai, après qu'il m'eut assuré que cet ami serait prévenu dès le point du jour et que je pourrais le voir à temps.

Me laissant cette promesse, il allait s'éloigner, mais je le retins encore :

— Monsieur, lui dis-je, on ne doit pas craindre que je m'évade ou que je tente de me suicider; on n'espère pas davantage obtenir de moi que je dise ce que je ne veux ou ne puis dire : je n'ai plus que quelques heures à vivre, je voudrais pouvoir les passer seul.

A l'expression d'étonnement qui se peignit sur les traits de mon interlocuteur, je vis qu'il ne comprenait rien à ma requête, et je dus lui désigner du doigt l'homme au chien, qui s'était levé, il est vrai, devant l'autorité, mais qui depuis, sans plus bouger, était resté caché dans l'ombre.

— Qui êtes-vous, et que faites-vous ici? demanda l'officier qui avait pris le falot des mains du porte-clefs, en l'élevant à la hauteur du visage de mon désagréable compagnon.

Celui-ci voulut alors commencer une explication très-entortillée, qui m'eût paru comique en toute autre circonstance, mais un geste sec le fit aussitôt taire, et l'officier, sans avoir répondu à ma dernière demande, se retira suivi du geôlier.

Pour en finir tout de suite avec ce ridicule incident, je dirai qu'au bout d'un quart d'heure à peine je me trouvais seul dans mon cachot.

VII

Seul avec mes pensées ! et devant moi l'image de la mort, toute proche et irrémissible ! Elle allait me saisir tout à l'heure, froidement, impitoyablement, sans que je pusse protester ni me défendre ! Et je ne savais même pas pourquoi j'allais mourir *!*

Ce nom d'incendiaire dont on m'avait souffleté sans preuve, il est vrai, et sans autre affirmation, serait-il donc celui qui resterait accolé à ma mémoire ?

Etre la victime de l'idée, le martyr de sa foi, c'est bien ; et mon orgueil me disait que cette mort je l'eusse bravée le cœur haut ; mais celle qui m'attendait, contre laquelle je ne pouvais me débattre, ne serait donc que stupide, inutile et flétrie peut-être ! Et puis, au dernier moment, si j'allais avoir peur ?

*
* *

D'autres pensées sont venues m'obséder, plus accablantes encore : j'ai songé aux êtres qui me

sont chers. . . . .
. . . .

.·.

Quand je relevai la tête, le jour était venu. Un rayon de lumière, tombant d'un soupirail, traversait les ténèbres. Je compris que l'heure était proche ; avec un soin minutieux, je réparai le désordre de mes vêtements ; je voulais me présenter devant la mort avec une tenue correcte.

.·.

Je m'étais placé devant la porte, debout, m'affermissant sur mes jambes, et j'attendais. Si le cœur me battit un peu plus vite quand mes gardiens vinrent enfin pour me prendre, ce fut du moins d'un pas sûr que je remontai l'escalier. Un instant après, mes yeux éblouis revoyaient la lumière ; le jour s'était levé radieux, et le soleil du matin, qui venait de faire irruption dans la cour, piquait d'étincelles brillantes les faisceaux d'armes formés çà et là.

Au milieu des soldats qui commençaient à s'éveiller, je remarquai un groupe d'officiers ; on me conduisit à eux, et je reconnus mes juges de la veille.

Celui qui avait présidé le tribunal, et que son costume et ses insignes désignaient comme capitaine-commandant de la garde républicaine de Paris, se mit, à ma grande surprise, à reprendre mon interrogatoire. Ce furent les mêmes accusations vagues, non précisées, accompagnées cette fois de longs commentaires sur l'action funeste des chefs de la Commune, qui, « après avoir rompu les digues, n'avaient pu retenir les flots irrités. »

Je ne savais que répondre ni comment me défendre, car c'est en vain que je réclamais les témoins qui eussent pu établir la vérité sur mon compte.

*
* *

Mon attention aux questions qui m'étaient posées était, du reste, depuis quelques minutes, singulièrement distraite. J'avais vu se former un peloton de douze hommes; un vieux sous-officier qui le commandait avait fait charger les armes, et je ne doutais pas que ces funestes apprêts ne me fussent réservés.

Cette fois encore je me trompais; Tony Moilin apparut.

Il était revêtu de l'uniforme de chirurgien-major et marchait d'un pas assuré; ses traits étaient calmes, bien qu'envahis par une pâleur mortelle. Sur un signe, il alla se placer entre les rangs ouverts du peloton, qui aussitôt se mit en marche pour passer devant nous. Tony Moilin, en ce moment, aperçut ses juges, fit un mouvement de leur côté et souleva son képi ; les officiers rendirent le salut. Une seconde après, le funèbre cortége avait disparu sous la voûte qui conduit de la cour du Palais au jardin du Luxembourg.

— Vous voyez le sort qui vous attend et que vous ne pouvez éviter, fit alors le capitaine en se tournant vers moi, mais vous pouvez du moins racheter une partie de vos crimes en nous signalant vos complices.

— Quels complices pourrais-je avoir, repris-je avec vivacité, et quel crime avouerais-je, puisque je nie toutes vos accusations !

— Et les incendies de Paris ! n'en êtes-vous pas un des auteurs, répliqua le capitaine d'un ton colère, dans lequel cependant je vis une sorte d'hésitation.

Et comme je lui demandais une fois de plus les preuves qu'on pouvait invoquer contre moi :

— Les preuves ! je crois qu'on nous les apporte, répliqua-t-il, avec un geste qui s'adressait plus à ses collègues qu'à moi-même.

Et, de la main, il désigna un officier qui arrivait du dehors et qui se dirigea immédiatement vers nous.

Mes juges, de leur côté, avaient été à sa rencontre ; quant à moi, n'ayant pas bougé, je me trouvais alors éloigné d'eux de quelques pas, et je ne pus rien entendre de leur colloque.

Au bout de quelques minutes, on me fit signe d'avancer, et l'officier nouveau venu prit la parole.

.˙.

A l'heure à laquelle j'écris ces lignes, entre les quatre murs froids de ma cellule, je n'ai guère l'esprit porté à la plaisanterie, pas plus qu'à la critique, et pourtant il me faut faire ici le portrait de ce jeune militaire que le hasard des événements mettait sur mon chemin.

Il sortait, sans nul doute, tout fraichement de Saint-Cyr, et je crois bien que la dernière guerre n'a pu le compter au nombre de ses combattants. Je le vois encore monté sur ses jambes grêles, que dessinait un pantalon affreusement étriqué, et tout emmitouflé dans son élégante pelisse garnie de fourrures. Un col cassé émergeait de l'astrakan qui lui faisait un collier autour du cou, et la pointe de ses chimériques moustaches, qui avaient la prétention de menacer le ciel, aurait pu passer par le chas d'une aiguille. Ses cheveux, partagés sur le milieu de la tête par une raie qui n'en finissait plus, formaient sur son front étroit de petites boucles négligées d'apparence, mais savamment voulues.

.˙.

Il s'était ajusté dans l'œil un verre rond sans

bordure, et tout en secouant la poussière de ses bottes du bout de sa badine, s'adressant à moi, il m'avait, ai-je dit, interpellé à son tour :

— Il paraît que vous niez avoir fait partie de l'insurrection ?

— Je le nie.

— Vous niez également vous être trouvé à l'Hôtel de Ville au moment de son incendie, et plus tard à la Roquette ?

— Je le nie également.

— Vous niez aussi, bien entendu, poursuivit-il d'un air goguenard et suffisant, avoir été colonel de fédérés ?

— J'ai été volontaire sous le siège, dans une compagnie de marche, et rien de plus.

Sur ma réponse, le jeune lieutenant éclata de rire, et s'adressant au groupe d'officiers :

— Voilà bien ces jolis farceurs ! exclama-t-il ; ils ont profité de ce qu'ils étaient enfermés dans Paris et de ce qu'ils ne pouvaient aller gobelotter à la barrière pour se mettre à jouer au soldat et apprendre à charger une arme...

Il se tourna de mon côté pour achever sa phrase :

— Afin de nous f... une danse... si vous aviez pu, fit-il en concluant.

Ma colère allait éclater, mais je la contins ; et puis j'étais à bout de forces. L'émotion cependant faisait encore vibrer ma voix quand je pus lui répondre :

— Monsieur, vous n'étiez pas né, que déjà pendant sept ans, j'avais servi mon pays, et que je savais mon métier de soldat ; si j'ai pris le fusil au moment de la guerre, c'était pour vous apporter une aide dont vous aviez grand besoin, mais dont vous avez su bien mal vous servir !

Le petit officier leva sa badine, et je ne sais ce qui allait arriver, quand le capitaine-prévôt s'interposa, et appelant mes gardiens, témoins muets de cette scène :

— Empoignez-le-moi, leur cria-t-il et ramenez-le à son cachot.

VIII

Je fus empoigné, en effet, et avec une telle brutalité, qu'une fois rentré dans cette cave affreuse, que je croyais ne plus revoir, je tombai à terre, meurtri, rompu, épuisé. L'horrible soif que j'endurais depuis la veille et qui me torturait alors plus que jamais, aussi bien que le manque de nourriture, avaient éteint en moi ce qui restait de force, et je restai là, étendu sans mouvement, à moitié mort.

Combien de temps suis-je resté ainsi ? je ne saurais me le rappeler, mais il était plus de midi quand mes gardiens entrèrent pour m'emmener de nouveau avec eux. Cette fois, je les suivis passivement, n'ayant plus conscience de moi-même et indifférent à tout ce qui allait m'arriver.

L'air frais qui me frappa le visage, en entrant dans la cour, me rappela à moi-même, et je repris contenance ; j'étais de nouveau devant le capitaine-prévôt, mais cette fois il était seul.

— Je vous ai fait demander, me dit-il, pour vous avertir que vous partez pour Versailles; l'ordre nous est arrivé de suspendre ici toute exécution : vous l'échappez belle, pour le moment, du moins, car je ne sais pas ce qu'on vous ménage là-bas : cela, c'est votre affaire. Enfin, voilà pour vous un vilain quart d'heure de passé, et pour moi une triste besogne d'épargnée. Maintenant, bonne chance; vous partez dans une heure; soyez prêt.

Il allait s'éloigner, quand se ravisant :

— A propos, me dit-il encore, je crois que vous avez mauvaise tête, et je dois vous prévenir que nous ne plaisantons pas. Vous faites partie d'une colonne d'insurgés qu'on n'est pas disposé à ménager s'ils s'avisent de broncher en route, et le revolver a vite raison d'un homme. Rappelez-vous cela au besoin.

Ainsi, je l'échappais belle, pour le moment du moins; on venait de me le dire; mais, pour moi, c'était le salut définitif, et je n'avais plus qu'à me réjouir. Il n'en fut rien cependant. De tout ce discours j'avais surtout retenu ceci : c'est que je partais à Versailles, et à pied naturellement : cela n'était pas possible.

Je retins le capitaine.

— Monsieur, lui dis-je, depuis hier que je

suis ici, je n'ai ni bu ni mangé; malgré mes de-
mandes, mes prières, je n'ai pu avoir ni une
goutte d'eau, ni une croûte de pain; j'ai passé la
nuit où vous savez, et dans un état d'esprit que
vous devez concevoir : j'ai la fièvre, et je ne saurais faire vingt pas sans tomber; en ce moment
même, j'emploie tous mes efforts pour pouvoir
rester debout devant vous; jamais je n'arriverai
à Versailles.

Il est probable que toute mon attitude confir-
mait mon dire, car me laissant à peine le temps
d'achever :

— Que me dites-vous là! s'écria le capitaine
avec une vivacité empreinte d'un véritable trouble, jamais, croyez-le bien, je n'ai donné l'ordre
de vous laisser mourir de faim, et je ne sais
par quelle négligence on a pu vous oublier ainsi.
Venez, Monsieur, venez!

Et me précédant d'un pas que j'avais peine à
suivre, il me fit entrer par une porte vitrée dans
une pièce du rez-de-chaussée, habituellement
réservée aux surveillants du Palais, comme me
l'indiqua une inscription que je pus lire au passage.

* *

Cinq minutes après, j'étais attablé devant un
repas modeste, élaboré dans quelque cantine
voisine, et auquel je fis peu d'honneur, bien
qu'il me servît tout à la fois de déjeuner du

matin et de dîner de la veille ; mais en revanche, je pus enfin apaiser ma soif, et calmer ainsi une des souffrances les plus cruelles, je crois, que l'homme puisse supporter.

Je renaissais à la vie, et les tribulations que je prévoyais encore comparées au mauvais pas que je venais de franchir, me laissaient pour moi-même désormais sans inquiétude. Mais je songeais à ma famille anxieuse, sans nouvelles de moi, et me croyant mort, peut-être, à cette heure. Me serait-il possible de lui écrire, ne fût-ce qu'un billet ; de lui faire savoir que je partais pour Versailles ; de la tranquilliser sur mon sort, quitte à mentir un peu ?

J'en fis la demande au capitaine qui était resté près de moi pendant que j'expédiais mon déjeuner ; elle me fut accordée, et promesse me fut faite que ma lettre partirait par exprès aussitôt achevée.

Avec quelle joie, mêlée d'amertume, en l'écrivant, j'épanchai mon cœur !

* *

Cependant, j'étais resté seul, attendant l'heure du départ. Mes gardiens, au dehors, surveillaient la porte. Le front appuyé aux vitres de la fenêtre, je contemplais par distraction le va-et-vient du campement qui encombrait la cour, et les jeux des troupiers, oublieux déjà de la sanglante besogne qu'ils venaient d'accomplir. Parfois je les voyais abandonner une partie de bouchon commencée, et courir curieusement vers la grande porte d'entrée ; c'étaient des groupes de prisonniers qu'on amenait. A une fournée en succédait une autre, et puis une autre encore. J'ai vu ainsi passer sous mes yeux des femmes et jusqu'à des enfants : des cris et des gémissements s'échappaient de ces foules.

*
* *

Ma destinée, tout à l'heure, allait se mêler à celle de tous ces malheureux. Ensemble, sous le même joug, nous allions partir vers l'inconnu, y chercher notre sort ! Qu'allait-il advenir de tous ces désespoirs ? Et que ferait-on de toutes ces tristes victimes ? A les contenir toutes, nos prisons n'y suffiraient pas.

*
* *

Mon esprit s'assombrissait à ces terribles pensées, quand j'aperçus le capitaine traverser la cour et se diriger de mon côté. Il poussa la porte, et, m'abordant d'un air satisfait :

— Parbleu ! me dit-il, vous avez de la chance. Je viens d'apercevoir à travers les grilles une voiture qui flânait dans la rue, je l'ai requise ;

et, ma foi, vous allez partir à Versailles en carrosse.

Une sorte de lourde berline franchissait, en effet, au même moment, la voûte d'entrée, et sur un signe venait s'arrêter devant nous.

C'était une vieille voiture de noces, vermoulue, branlante et capitonnée à l'intérieur de drap blanc, jadis virginal : que faisait-elle, en pareil jour et à cette heure, dans les parages de la rue de Tournon ? C'est ce que son cocher, ivre à pleins bords, n'aurait pas su, probablement, expliquer lui-même.

** **

Une escorte de quatre chasseurs à cheval aussitôt commandée, fut aussitôt en selle. Trois agents de police, dont un devait monter sur le siége, devenaient, par supplément, les gardiens de ma personne. Avant de prendre place, ils s'étaient assurés que leurs revolvers étaient bien en état.

Le capitaine assistait à ces derniers préparatifs. Je pris congé de lui, après l'avoir remercié, et je vis qu'il donnait l'ordre du départ.

Puis, quand la lourde machine s'ébranla, j'entendis, au milieu d'un cliquetis sonore de coups de fouet, une voix avinée qui criait :

— As pas peur, mon colonel ! nous aurons soin de la mariée ! !

IX

Je respirais enfin librement. Librement, avec le vis-à-vis de mes nouveaux gardiens, vieux routiers de police, dont l'aspect n'aurait eu rien de bien farouche, s'ils ne s'étaient obstinés à garder au poing leurs revolvers, le canon levé et le doigt sur la détente, comme si, par cette menaçante et ridicule attitude, ils eussent voulu ajouter quelque chose de plus à l'importance de leur mission.

Tant bien que mal, la voiture avançait. Nous avions dépassé les fortifications et les dernières maisons de Vaugirard, laissant à notre gauche le fort d'Issy, qui dessinait sous un ciel bleu son profil démantelé. Nous étions en pleine campagne et j'aspirais l'air avec délices. Mes yeux émerveillés ne cessaient de se repaître du spectacle enchanteur de la verdure renaissante.

Et, cependant, au milieu de tous ces frais gazons, à travers les jeunes pousses des arbres, je n'apercevais que des ruines : celles de la guerre étrangère, vieilles alors, — elles dataient de quatre mois, — celles de la guerre civile, fumantes encore! De frais liserons grimpaient déjà sur les murs écroulés, les mouchetant de petits points roses. Il semblait que la nature, cette douce mère, voulût jeter son voile sur les misères des hommes.

*
* *

Au Bas-Meudon, il y eut un temps d'arrêt. J'entendis un colloque s'établir entre les cavaliers de l'escorte et notre cocher qui se refusait à aller plus loin. Ses bêtes, disait-il, n'en pouvaient plus ; il y avait la côte de Sèvres à monter, qui n'était pas mince ; il fallait bien souffler un peu.

Je ne sais si le hasard y fut pour quelque chose, mais la voiture s'était arrêtée à la porte d'une guinguette. L'occasion était trop tentante ; les cavaliers mirent pied à terre, et, sans plus de façon, envahirent la maison en demandant à boire ; le cocher avait naturellement suivi, et mes propres gardiens, après s'être consultés de l'œil, s'apprêtaient à leur tour à descendre ; bon gré, mal gré, il me fallut les suivre.

Et voilà comment le condamné de la veille, faisant contre fortune bon cœur, sous une tonnelle de lilas bourgeonnants, fut obligé de s'attabler avec ceux-là mêmes qui, dans la matinée, auraient pu devenir ses bourreaux.

Le vin blanc avait déridé mes maussades gardiens, et quand nous nous remîmes en route, ils se décidèrent à faire disparaître dans les profondeurs de leurs poches, leurs armes inutiles.

Ils devisaient gaiement, car cette expédition était du même coup, pour eux, une bonne aubaine. Ils étaient mariés tous deux et leurs femmes étaient encore à Versailles. Depuis la terrible semaine, ils ne les avaient pas vues, et allaient leur porter l'assurance qu'ils n'étaient pas morts.

C'est ainsi que nous dépassâmes Sèvres et Viroflay, et que nous atteignîmes enfin Versailles.

X

C'était Dimanche.

Les promeneurs affluaient dans l'avenue de Paris. La fine fleur de la bourgeoisie versaillaise, mêlée aux francs-fileurs parisiens du siége et de la Commune, s'y était donné rendez-vous. C'était par là, en effet, que défilaient depuis trois jours des convois de prisonniers, spectacle de grande attraction.

Quand notre petite troupe déboucha avec ses deux cavaliers en tête, l'arme haute, les deux autres aux flancs de la voiture, l'agent sur le siége, surveillant le cocher qui entonnait déjà des chants de triomphe, il se fit un grand tumulte. De tous côtés on accourut, et la foule se fit si grande et si compacte autour de nous, que nous ne pouvions plus avancer qu'au pas.

Je renonce ici à peindre les scènes qui suivirent, car en y songeant, le dégoût me monte encore aux lèvres; je renonce à répéter les basses injures, dignes des carrefours, les menaces féroces et lâches proférées par tout ce beau monde; et l'on ne me croirait pas, peut-être, si je disais que des femmes élégantes, jeunes, et mères de beaux petits enfants, de leurs fines mains gantées, ramassaient la poussière de la route pour me la jeter à la face !

Passons.

***

Les formalités d'écrou et la constatation de mon identité m'ont fait faire une longue station au Château, où se trouve installée encore provisoirement la préfecture de police. Une foule irritée m'avait suivi, et allait peut-être envahir une salle du rez-de-chaussée dans laquelle j'avais été provisoirement séquestré, si la police n'eût fait appel au poste le plus voisin pour établir, aux abords de la salle, un cordon de factionnaires destinés à me protéger.

C'est là que j'ai été rejoint par le docteur L..., un de mes amis, qui venait d'être arrêté dans sa maison de campagne, bien qu'il n'eût pas mis les pieds à Paris depuis le 18 mars.

Nous échangions ensemble nos appréhensions et nos craintes, quand on vint le chercher, et je ne le revis plus.

***

La foule, cependant, pour être contenue, n'en restait pas moins hostile. J'entendais des cris : A mort ! venir jusqu'à mon oreille, et je voyais des gestes menaçants dirigés contre moi, si, par aventure, je m'approchais des fenêtres, d'où j'étais aperçu.

Subitement, la porte s'ouvrit, et je vis entrer un groupe de gens bien mis et de tournure distinguée. Tout d'abord, je crus à quelque interrogatoire; mais, à ma grande surprise, ces nouveaux venus s'étaient contentés de tourner autour de moi, m'examinant curieusement, pour se retirer ensuite en chuchotant, et non à voix si basse, que je n'entendisse leurs malveillants commentaires.

A ce premier groupe, un second avait succédé, puis un troisième, et tous se livrant au même jeu.

Intrigué à l'excès, je voulus me rendre compte de l'énigme et vis alors un personnage, évidemment haut placé, et pour lequel il n'y avait pas de consigne, qui allait dans la foule chercher ses amis auxquels il me livrait ensuite complaisamment en spectacle.

Une fois de plus, je le vis revenir; il avait offert galamment le bras à une vieille dame et tous deux entrèrent.

Celle-ci, sans plus de façons, s'était approchée de moi, et son lorgnon d'or sur les yeux, détaillait toute ma personne avec la tranquillité qu'elle eût mise à expertiser une potiche de Chine, ou un meuble de Tahan.

Son examen terminé, se tournant vers son ca-

valier, de sa voix la plus tranquille je l'entendis
qui disait :

— Tout à fait l'air d'un coquin, n'est-ce pas,
cher Monsieur? Tout à fait! tout à fait!

J'aurais dû rire ou avoir pitié, c'est certain.
Mais qu'on songe à l'état d'esprit dans lequel je
me trouvais alors, à l'irritation qu'il me fallait
contenir depuis mon entrée dans Versailles, et
l'on comprendra, peut-être, que, n'y tenant plus,
je m'avançai, pâle, menaçant, droit sur l'homme
en m'écriant sourdement :

— Si, une fois de plus, Monsieur, je suis l'ob-
jet de vos outrages, je vous brise le crâne d'un
coup de chaise!

Et mon geste accentua mon dire de telle façon
que je les vis tous deux s'enfuir épouvantés.

Le seul agent commis à ma garde en ce moment, et qui s'était assoupi dans un coin, s'était
réveillé aux cris de la vieille dame, sans rien
comprendre à la scène qui venait de se passer.

La foule, au dehors, continuait ses cris.

*
* *

Il m'a fallu la traverser de nouveau; cette fois
à pied, et serré par elle de si près, que mes gardiens ont dû employer la menace pour nous ouvrir un passage. Comment nous atteignîmes la
prison Saint-Pierre, c'est ce que je ne pourrais
dire; mais ce que je sais bien, c'est que ce fut

avec un soulagement profond que j'entendis ses
lourdes portes se refermer sur moi.

*
* *

Une cellule de prison peut donc devenir un
ieu de refuge et un abri? Ce fut sans émoi, tout
'abord, que je contemplai ses murs nus et gla-
és. En serais-je l'hôte passager ou me faudrait-
l subir là une longue prévention ? Quand aurais-
e des juges, et que décideraient-ils de moi?

Je m'étais jeté sur le lit qu'on m'avait préparé
t je songeais tristement.

C'est ainsi que poursuivant ma pensée, je vis,
eu à peu, se dresser devant moi les temps dou-
oureux que nous venions de traverser : la France
aincue et démembrée, ses enfants se déchirant
ntre eux, et la République peut-être expirante,
'effondrant au milieu de tant de ruines et de
euils accumulés.

Alors, mon cœur déborda, et après trente
eures d'émotions, d'angoisses et d'agonie, je
us enfin pleurer !

Paris. — Typ. F. Debons et Cie, 16, Rue du Croissant